¿Qué pasa con eso?

¿Qué pasa con el correo?

por Charlie W. Sterling

Bullfrog en español

Ideas para padres y maestros

Bullfrog Books permite a los niños practicar la lectura de textos informativos desde el nivel principiante. Las repeticiones, palabras conocidas y descripciones en las imágenes ayudan a los lectores principiantes.

Antes de leer
- Hablen acerca de las fotografías. ¿Qué representan para ellos?

- Consulten juntos el glosario de las fotografías. Lean las palabras y hablen de ellas.

Durante la lectura
- Hojeen el libro y observen las fotografías. Deje que el niño haga preguntas. Muestre las descripciones en las imágenes.

- Léale el libro al niño o deje que él o ella lo lea independientemente.

Después de leer
- Anime al niño para que piense más. Pregúntele: ¿Alguna vez has enviado una carta por correo? ¿Te preguntaste adónde iba después que la enviabas por correo?

Bullfrog Books are published by Jump!
5357 Penn Avenue South
Minneapolis, MN 55419
www.jumplibrary.com

Library of Congress Cataloging-in-Publication Data

Names: Sterling, Charlie W., author.
Title: ¿Qué pasa con el correo? / por Charlie W. Sterling.
Other titles: Where does mail go? Spanish
Description: Minneapolis, MN: Jump!, Inc., 2021.
Series: ¿Qué pasa con eso? | Includes index.
Audience: Ages 5–8 | Audience: Grades K–1
Identifiers: LCCN 2020017737 (print)
LCCN 2020017738 (ebook)
ISBN 9781645275985 (hardcover)
ISBN 9781645275992 (paperback)
ISBN 9781645276005 (ebook)
Subjects: LCSH: Postal service—Juvenile literature.
Classification: LCC HE6078 .S7418 2021 (print)
LCC HE6078 (ebook) | DDC 383—dc23

Editor: Jenna Gleisner
Designer: Molly Ballanger
Translator: Annette Granat

Photo Credits: Mega Pixel/Shutterstock, cover; James Crawford/Dreamstime, 1; Monkey Business Images/Shutterstock, 3; udovichenko/Shutterstock, 4 (foreground), 22tr, 23br; Zocha_K/iStock, 4 (background), 22tr; DougSchneiderPhoto/iStock, 5; Georgesheldon/Dreamstime, 6–7, 22tl; David R. Frazier Photolibrary, Inc./Alamy, 8–9, 23tr; Joanna Dorota/Shutterstock, 9; Greg K__ca/Shutterstock, 10; Philip Pilosian/Shutterstock, 11; UPI/Alamy, 12–13, 22br; Trong Nguyen/Shutterstock, 14–15, 22bm, 23bl; Jim West/Alamy, 16–17, 22bl, 23tl; Loveischiangrai/Shutterstock, 18 (foreground); Imagenet/Shutterstock, 18 (background); Syda Productions/Dreamstime, 19, 20–21; DNY59/iStock, 24.

Printed in the United States of America at Corporate Graphics in North Mankato, Minnesota.

Tabla de contenido

En el correo

Meg Alaniz
2274 Main Street
Seattle, WA 98109

Dana Nelson
2401 Valley Drive
Philadelphia, PA 19108

Meg le escribe una carta a Dana.

La pone en el buzón de correo.

¿Y qué pasa después
con la carta?

Una transportista la recoge.

¿Por qué?

La llevará a un centro en su camión.

www.usps.com

camión de correos

transportista

UNITED STATES POSTAL SERVICE

WWW.L...

UNITED STATES POSTAL SERVICE

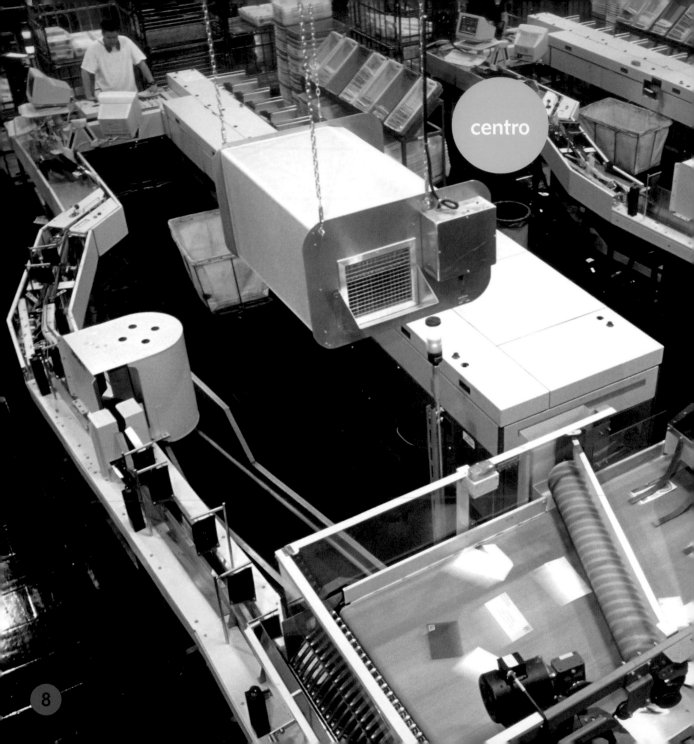

centro

8

Una cámara lee
el código postal.
¡Qué genial!

Las cartas son
clasificadas
según su código.

Dana Nelson
2401 Valley Drive
Philadelphia, PA 19108

código
postal

Algunas cartas viajan en camiones.

¡Otras viajan en aviones!

Estas cartas irán lejos.

¡Qué bueno!

Las cartas van
para otro centro.

Las clasifican
otra vez.

¿Adónde va la carta de Meg?

A la oficina de correos de Dana.

Un transportista
la lleva y entrega.

¿Adónde?

¡A la dirección de Dana!

dirección

2401

¡Gracias!

¡Dana recibe la carta!

Ella le responde.

¡Qué genial!

Lo que pasa con el correo

¿Qué pasa con el correo después de que deja tu hogar? ¡Echa un vistazo!

1. Una transportista recoge las cartas y las lleva a un centro de procesamiento para que las clasifiquen.

2. Una cámara escanea cada carta y le rocía un código, dependiendo del código postal de cada carta.

Dana Nelson
2401 Valley Drive
Philadelphia, PA 19108

3. Las cartas que van a la misma área viajan en aviones o camiones a otro centro en donde nuevamente las clasifican.

4. En sus oficinas de correo locales, los transportistas recogen el correo que tienen que llevar y entregar.

5. Cada carta es llevada y entregada a su dirección individual.

Glosario de fotografías

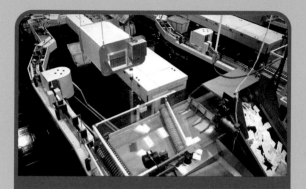

centro
Un edificio y el equipo dentro de éste que llevan a cabo un proceso.

Dana Nelson
2401 Valley Drive
Philadelphia, PA 19108

código postal
Un número que se le da a cada área de entrega de los Estados Unidos.

entrega
Lleva algo a alguien para dárselo.

Post Office

oficina de correos
El lugar adonde la gente va para comprar estampillas y enviar cartas y paquetes.

Índice

Parker Smith
451 Lakewood St.
Easley, SC 29640

Andrew Lee
421 Parker Street
Westwood, NJ 07675

Para aprender más

Aprender más es tan fácil como contar de 1 a 3.

❶ Visita www.factsurfer.com

❷ Escribe "¿Quépasaconelcorreo?"
en la caja de búsqueda.

❸ Elige tu libro para ver una lista de sitios web.